BEI GRIN MACHT SICH IHR WISSEN BEZAHLT

- Wir veröffentlichen Ihre Hausarbeit, Bachelor- und Masterarbeit

- Ihr eigenes eBook und Buch - weltweit in allen wichtigen Shops

- Verdienen Sie an jedem Verkauf

Jetzt bei www.GRIN.com hochladen und kostenlos publizieren

Bibliografische Information der Deutschen Nationalbibliothek:

Die Deutsche Bibliothek verzeichnet diese Publikation in der Deutschen National-
bibliografie; detaillierte bibliografische Daten sind im Internet über http://dnb.d-
nb.de/ abrufbar.

Impressum:

Copyright © 2019 GRIN Verlag
Druck und Bindung: Books on Demand GmbH, Norderstedt Germany
ISBN: 9783346163745

Dieses Buch bei GRIN:

https://www.grin.com/document/536693

Larissa Lopes

Ausdauertrainingsplanung für einen leistungsorientierten Sportler

GRIN Verlag

GRIN - Your knowledge has value

Der GRIN Verlag publiziert seit 1998 wissenschaftliche Arbeiten von Studenten, Hochschullehrern und anderen Akademikern als eBook und gedrucktes Buch. Die Verlagswebsite www.grin.com ist die ideale Plattform zur Veröffentlichung von Hausarbeiten, Abschlussarbeiten, wissenschaftlichen Aufsätzen, Dissertationen und Fachbüchern.

Besuchen Sie uns im Internet:

http://www.grin.com/

http://www.facebook.com/grincom

http://www.twitter.com/grin_com

Einsendeaufgabe

Fachmodul:	Trainingslehre II
Studiengang:	Bachelor of Arts Gesundheitsmanagement
Datum Präsenzphase:	03.06.19 – 05.06.19
Name, Vorname:	Nunes Lopes, Larissa
Studienort:	Köln Westhoven
Semester:	WS 2017

Inhaltsverzeichnis

1 DIAGNOSE 3

1.1 Allgemeine und biometrische Daten 3

1.2 Leistungsdiagnostik/Ausdauertestung 4

   1.2.1 Auswahl des Testverfahrens 4

   1.2.2 Testverlauf 5

   1.2.3 Bewertung des Testergebnisses 6

1.3 Gesundheits- und Leistungsstatus der Person 7

2 ZIELSETZUNG/PROGNOSE 7

3 TRAININGSPLANUNG MESOZYKLUS 8

3.1 Grobplanung Mesozyklus 8

3.2 Detailplanung Mesozyklus 9

3.3 Begründung zum Mesozyklus 10

4 LITERATURRECHERCHE 14

5 LITERATURVERZEICHNIS 15

6 ABBILDUNGS- UND TABELLENVERZEICHNIS 17

6.1 Abbildungsverzeichnis 17

6.2 Tabellenverzeichnis 17

1 Diagnose

1.1 Allgemeine und biometrische Daten

Tab. 1 Allgemeine, biometrische und gesundheitsbezogene Daten des Probanden eigene Darstellung

Allgemeine, personelle Daten des Probanden	
Alter und Geschlecht	24 Jahre, männlich
Berufliche Tätigkeit	Industriekaufmann • 40 Stunden/Woche
Aktuelle sportliche Aktivität	Fußball spielen leistungsorientiert in der Oberliga, Mittelfeld → 4 Trainingseinheiten pro Woche, 90 Min pro Trainingseinheit →1 Spiel pro Woche, 90 Min pro Spiel
Frühere sportliche Aktivität	1) Fußball spielen, sehr leistungsorientiert in der 3. Bundesliga Deutschland → 8 Trainingseinheiten pro Woche, 6 Trainingseinheiten davon 90 Min, 2 Trainingseinheiten 45 Min →1 Spiel pro Woche, 90 Min pro Spiel 2) Fußball spielen, sehr leistungsorientiert in der 2. Liga Niederlande → 8 Trainingseinheiten pro Woche, 90 Min pro Trainingseinheit →1 Spiel pro Woche, 90 Min pro Spiel
Zur Verfügung stehende Zeit	3 Stunden pro Woche
Trainingsmotive	1) Leistungsfähigkeit stetig steigern 2) Spaß/ Leidenschaft
Biometrische Daten	
Größe, Gewicht	177 cm, 67,7 kg
Body-Mass-Index [BMI]	21,62
Taillen-Hüft-Quotient [THQ]	0,84
Ruhepuls	59 Schläge/Min
Blutdruck	98/64 mmHg
Körperfettanteil durch eine Caliper-Messung	6,5 %
Gesundheitszustand	
Erkrankungen	Keine
Medikamente	Keine
Verletzungen	- Rippenbrüche vor einem Jahren hierbei sind zwei Rippen gebrochen - Muskelfaserriss in der rechten Oberschenkel Rückseite vor zwei Jahren - Leistenbeschwerden durch Überlastung vor drei Jahren - Bänderriss im vorderem linken Oberschenkel vor neun Jahren
Operationen	Keine

Um den Gesundheitszustand des Probanden einschätzen zu können wurden verschiedene Parameter gemessen. Der Proband liegt mit einem BMI von 21,62 im Normalgewichtsbereich (World Health Organisation [WHO], 2000, S.9)

Mit Hilfe der Riva-Rocci-Methode wurde der Blutdruck des Probanden ermittelt. Die nachfolgende Tabelle belegt, dass der gemessene Blutdruck den Normwerten entspricht:

Tab. 2 Blutdruckklassifizierung laut American Heart Association (o.J.) eigene Darstellung

Klassifizierung	Systole in mmHg	Diastole in mmHg
Normal	< 120	< 80
Erhöht	120-129	< 80
Arterielle Hypertonie Stufe I	130-139	80-89
Arterielle Hypertonie Stufe II	>= 140	>= 90
Arterielle Hypertonie Stufe III	>180	>120

Mit einer Ruheherzfrequenz von 59 Schlägen pro Minute befindet sich der Proband unter dem durchschnittlichen Bereich von 60-80 Schlägen pro Minute. Dies bedeutet dass er eine leichte Bradykardie aufweist, welche ein Indikator für einen guten Trainingszustand ist. (Weineck, 2003, S.50)

Tab. 3: Klassifikation des Körperfettanteils für erwachsene Männer bis 79 Jahre (Gallagher et al. ,2000) eigene Darstellung

Körperfettanteil Männer				
	Niedrig	Normal	Hoch	Sehr hoch
20-39 Jahre	< 8 %	8-20 %	20-25 %	>/= 25 %
40-59 Jahre	< 11 %	11-22 %	22-28 %	>/= 28 %
60-79 Jahre	< 13 %	13-25 %	25-30 %	>/= 30 %

Tabelle 3 belegt, dass der Proband einen niedrigen Körperfettanteil aufweist.

1.2 Leistungsdiagnostik/Ausdauertestung

1.2.1 Auswahl des Testverfahrens

Als Eingangstest wurde der WHO-Test mit dem Probanden durchgeführt. Der Test eignet sich laut dem Institut für Prävention und Nachsorge [IPN] (2004) eher für leistungsschwache Personen. Der hier ausgewählte Proband zählt aufgrund seiner leistungsorientierten sportlichen Tätigkeit nicht als solcher. Die IPN beschreibt bei den Testvoraussetzungen jedoch neben anderen Kriterien die Wichtigkeit eines programmierbaren Fahrradergometers. (IPN, 2004, S.2)

Das zur Verfügung stehende Fahrradergometer hat lediglich die Möglichkeit nach den Anforderungen des WHO-Tests zu testen. Dieser Test stellt aufgrund des submaximalen Ausbelastungsgrades für den Probanden eher eine Unterforderung dar. Genauso wie der Hollmann-Venrath-Test, welcher zwar schon höhere Ansprüche an den Probanden stellt, jedoch auch nur mit einem submaximalen Belastungsschema arbeitet.

Der Proband hat über zwei Jahre lang hauptberuflich als Leistungssportler gearbeitet. Er hat schon mehrere Ausdauertestungen gemacht und er besitzt sowohl die physische als auch die psychische Belastungsfähigkeit. Aufgrund dessen wäre der Vita-Maxima-Test des Bundesausschusses für Leistungssport aufgrund seines maximalen Ausbelastungsgrades am geeignetsten gewesen. (Rost,2002)

1.2.2 Testverlauf

Tab. 4: Ausgewählter Ausdauertest im Überblick eigene Darstellung

Testform:	WHO-Test
Belastungsart:	Submaximale Belastung, Stufentest
Testgerät:	Fahrradergometer
Stufendauer:	2 Min
Eingangsbelastung:	25 Watt
Belastungssteigerung:	25 Watt
Trittfrequenz:	60-80 Umdrehungen/Minute [U/Min]
Pulsobergrenze:	155 Schläge/Min [S/Min] nach IPN (modifiziert nach Trunz, 2001; IPN, 2004, S.4)
Abbruchgrenze:	155 S/Min
Testdatum:	08.06.2019

Tab. 5: Testprotokoll mit Hinblick auf getretene Wattstufe sowie die dazugehörigen Herzfrequenzen

Zeit	Watt	Herzfrequenz 1.Min der Wattstufe	Herzfrequenz 2.Min der Wattstufe
0:00 – 1:59 Min	25	74 S/Min	76 S/Min
2:00 – 3:59 Min	50	76 S/Min	80 S/Min
4:00 – 5:59 Min	75	87 S/Min	85 S/Min
6:00 – 7:59 Min	100	92 S/Min	104 S/Min
8:00 – 9:59 Min	125	102 S/Min	107 S/Min
10:00 – 11:59 Min	150	113 S/Min	116 S/Min
12:00 – 13:59 Min	175	122 S/Min	133 S/Min
14:00 – 15:59 Min	200	136 S/Min	149 S/Min
16:00 – 17:59 Min	225	151 S/Min	/

Die nach IPN berechnete Pulsobergrenze wurde nach 16:22 Min in der neunten Belastungsstufe bei einer Wattzahl von 225 erreicht. Die neunte Stufe wurde nicht komplett gefahren, weshalb diese nur anteilig zu den 200 gefahrenen Watt hinzu addiert werden kann. Es ergibt sich eine erreichte Wattzahl von ca. 206 Watt. Daraus resultiert eine relative Soll-Watt-Leistung von 3,04 Watt pro Kilogramm Körpergewicht.

1.2.3 Bewertung des Testergebnisses

Zur Bewertung der relativen Soll-Watt-Leistung wird die Normwerttabelle für submaximale Radergometertests von IPN (2004, S.8) in Betracht gezogen.

Als Grundlage hierfür dient die Bewertung des Vita-Maxima-Test:

Tab. 6: Normwerte des Vita-Maxima-Tests - Relative Watt-Soll-Leistung für Männer (modifiziert nach Kindermann, 1987, S. 244-268)

Relative Wattleistung pro kg Körpergewicht	Bewertung
3 Watt	Durchschnittliche Ausdauerleistungsfähigkeit (Normalbürger)
4 Watt	Freizeit- bzw. Breitensportler
5 Watt	Leistungssportler (Ausdauer)
6 Watt	Hochleistungssportler (Ausdauer)

Demnach sollte eine männliche, erwachsene Person mindestens im Stande sein eine Leistung von 3 Watt/kg Körpergewicht zu erreichen. Es handelt sich hierbei jedoch um die Maximalleistung. Die aerobe Kapazität kann bei ca. Zweidrittel dieser Maximalleistung veranschlagt werden. Dadurch resultiert laut IPN (2004, S.8) ein Durchschnitts-Bereich von 2,00- 2,40 relativer Watt-Soll-Leistung für eine normal leistungsfähige Person. Demnach würde der Proband mit seiner erbrachten Leistung über dem Durchschnitt liegen und als gut ausdauertrainierte Person bewertet werden. Da diese Normwerte jedoch auf Werte des Gesundheits- und Fitness-Sports resultieren, ist der interindividuelle Vergleich mit Hinblick auf den Hochleistungssport den der Proband betreibt ungeeignet. (IPN, 2004, S.9)

Desweiteren wurde der Proband nicht sportartspezifisch getestet. Aufgrund seiner Jahren Fußballtätigkeit wäre ein Feldtest wie z.B der Cooper Test wohlmöglich repräsentativer gewesen. (Siragusa, 2002, S.142)

Zum jetzigen Zeitpunkt kann aus dem Ergebnis des Tests also keine relevante Information entnommen werden. Lediglich durch einen Intraindividuellen Vergleich in Form von Re-Tests können in Zukunft Einschätzungen über die Ausdauerentwicklung des Probanden getroffen werden.

1.3 Gesundheits- und Leistungsstatus der Person

Der Proband ist hinsichtlich seiner Belastbarkeit und Trainierbarkeit uneingeschränkt. Alle biometrischen Daten liegen im Durchschnittsbereich oder sogar darüber.

Der Proband hatte zwar bereits mehrere Verletzungen, diese sind jedoch vollständig verheilt sodass keine Einschränkungen vorliegen. Laut Stathokostas, Jacob-Johnson, Petrella &Paterson (2004) nimmt die Belastbarkeit eines Menschen erst ab dem 30. Lebensjahr ab, deshalb ist auch im Bezug auf das Alter keine Rücksicht zu nehmen.

Der Proband spielt schon seit dem vierten Lebensjahr Fußball. Seit dem achtem Lebensjahr tut er dies leistungsorientiert mit einem Trainingsumfang von mindestens 4 Trainingseinheiten pro Woche für 90 Minuten. Für über zwei Jahre hat der Proband sogar hauptberuflich als Leistungssportler gearbeitet.

Im Eingangsgespräch berichtet der Proband selbst von seinem guten Ausdauerzustand und von zwei Laktat-Leistungsdiagnostiken, welche diese Einschätzung bestätigen.

Durch seine Ausdauererfahrung und seinem Gesundheitszustand kann dem Probanden jegliche Belastung und Trainingsmethode zugemutet werden.

2 Zielsetzung/Prognose

Tab. 7: Zielsetzung für die Testperson

Ziel	Inhalt	Ausmaß	Zeit
1.	Verbesserung der Ausdauerleistung	Steigerung der relativen Watt-Soll-Leistung auf 3,75 Watt pro kg/Körpergewicht	6 Wochen
2.	Gewichtsreduktion	Senkung des BMI auf 21,00	6 Wochen
3.	Senkung der Ruheherzfrequenz	Senkung der Ruheherzfrequenz um 3 Schläge/Minute	6 Wochen

Die Testperson weist keinerlei gesundheitlichen Mängel vor, demnach ist die Zielsetzung lediglich auf das Trainingsmotiv der konstant steigenden Leistung ausgelegt.

Dementsprechend ist die Verbesserung der relativen Watt-Soll-Leistung das relevanteste Ziel für den Probanden. Mit einer relativen Watt-Soll-Leistung von 3,75 Watt pro kg/Körpergewicht würde der Proband in einem Bereich liegen der für sehr gut Ausdauertrainierte spricht. Mit einem Wert von 3,75 Watt pro kg/Körpergewicht würde sich der Proband um 3-4 Abstufungen verbessern. (IPN,2004,S.8) Dies entspricht der Leistungsvorstellung des Probanden.

Die Gewichtsreduktion wäre für den Probanden ebenfalls kein gesundheitsrelevantes Ziel, da sich sein BMI im Normalgewichtsbereich befindet. (WHO, 2000, S.9) Auch hier wurde das Ziel aufgrund des subjektiven Wohlbefindens des Probanden gewählt. Da ein BMI von 21 ebenfalls im Normalgewichtsbereich liegt kann das Ziel ohne gesundheitliche Bedenken umgesetzt werden.

Das dritte Ziel ist es, die Ruheherzfrequenz zu senken. Zwar ist die Ruheherzfrequenz des Probanden bereits unter den Normwerten (Weineck, 2003, S.50) um die Herzarbeit jedoch noch weiter zu ökonomisieren, wird die Senkung des Ruhepulses um 3 Schläge/Minute angestrebt. (Muster & Zielinski, 2006, S. 4-8)

3 Trainingsplanung Mesozyklus

3.1 Grobplanung Mesozyklus

Tab. 8: Grobplanung Mesozyklus III eigene Darstellung

Mesozyklus III	
Dauer:	6 Wochen
Trainingsziel:	Stabilisierung Grundlagenausdauer 2
Trainingsmethode/n:	Intensive Intervallmethode Intensive Dauermethode High-Intensity-Intervall Training [HIIT]
Belastungsumfang/Woche:	15-60 Min
Trainingsintensität/en:	90-100 % Herzfrequenzreserve (intensive Intervallmethode) 60-80 % Herzfrequenzreserve (intensive Dauermethode) 50-95 % Herzfrequenzreserve (HIIT)
Trainingshäufigkeit/ Woche:	1-mal
Dauer pro Trainingseinheit:	20-30 Min Gesamtumfang (intensive Intervallmethode) Kurzzeit-Intervallbereich: 6-10 Intervalle á 20-40s sowie lohnende Pausen mit einem Hf-Abfall <120/130 S/Min (ca.3 Min) Mittelzeit-Intervallbereich: 3-6 Intervalle á 60-90s sowie lohnende Pausen mit einem Hf-Abfall <120/130 S/Min (ca. 3 Min) 20-60 Min (intensive Dauermethode) 30 Min (HIIT) 18 Intervalle á 1-4 Min in verschiedenen Herzfrequenzreserve-Bereich jedoch ohne lohnende Pause
Trainingsgerät:	Laufband

3.2 Detailplanung Mesozyklus

Tab. 9: Detailplanung Mesozyklus III, Woche eins bis sechs eigene Darstellungen

Woche 1	Mittwoch	Woche 2	Mittwoch
Trainingsziel:	Stabilisierung Grundlagenausdauer 2	Trainingsziel:	Stabilisierung Grundlagenausdauer 2
Trainingsmethode:	Intensive Dauermethode	Trainingsmethode:	Intensive Dauermethode
Trainingsintensität:	60-65 % Hf-Reserve • 148–156 Schläge/Min	Trainingsintensität:	70-75 % Hf-Reserve • 163-171 Schläge/Min
Trainingsdauer:	20 Min	Trainingsdauer:	40 Min
Trainingsgerät:	Laufband, Jogging	Trainingsgerät:	Laufband, Jogging

Woche 3	Mittwoch	Woche 4	Mittwoch
Trainingsziel:	Stabilisierung Grundlagenausdauer 2	Trainingsziel:	Stabilisierung Grundlagenausdauer 2
Trainingsmethode:	Intensive Dauermethode	Trainingsmethode:	Intensive Intervallmethode im Mittelzeit-Bereich
Trainingsintensität:	75-80% Hf-Reserve • 171-178 Schläge/Min	Trainingsintensität:	90-95% Hf-Reserve • 193-201 Schläge/Min
Trainingsdauer:	60 Min	Trainingsdauer:	Gesamtumfang 30 Min 6 Serien á 90s. sowie lohnende Pausen (Hf-Abfall von <120/130)
Trainingsgerät:	Laufband,Jogging	Trainingsgerät:	Laufband,Jogging

Woche 5	Mittwoch	Woche 6	Mittwoch
Trainingsziel:	Stabilisierung Grundlagenausdauer 2	Trainingsziel:	Stabilisierung Grundlagenausdauer 2
Trainingsmethode:	Intensive Intervallmethode im Kurzzeit-Bereich	Trainingsmethode:	High Intensity Intervall Training
Trainingsintensität:	95-100% Hf-Reserve • 201-208 Schläge/Min	Trainingsintensität:	50-95% Hf-Reserve • 134-201 Schläge/Min
Trainingsdauer:	Gesamtumfang 20 Min 10 Serien á 30s. sowie lohnende Pausen (Hf-Abfall von <120/130)	Trainingsdauer:	Gesamtumfang 30 Min 18 Serien á 1-4 Min. Ohne lohnende Pause. Vgl. Tab. 10
Trainingsgerät:	Laufband, Jogging oder W	Trainingsgerät:	Laufband,Jogging

Tab. 10 Makrozyklus Woche 6 des Mesozyklus, detaillierte Veranschaulichung des HIIT-Trainings mit den jeweiligen Trainingsherzfrequenzen für den Probanden eigene Darstellung (modifiziert nach Schoenfeld & Dawes, 2009)

Intervall	Dauer	Trainingsherzfrequenz-Bereiche für den Probanden
1	3 Min	Warm-up (Trainingsherzfrequenz irrelevant)
2	4 Min	50-55% HF-Reserve → 134-141 Schläge/Min
3	3 Min	70-75% Hf-Reserve → 163-171 Schläge/Min
4	1 Min	50-55% Hf-Reserve → 134-141 Schläge/Min
5	1 Min	80-85% Hf-Reserve → 178-186 Schläge/Min
6	1 Min	50-55% Hf-Reserve → 134-141 Schläge/Min
7	1 Min	90-95% Hf-Reserve → 193-201 Schläge/Min
8	1 Min	50-55% Hf-Reserve → 134-141 Schläge/Min
9	1 Min	90-95% Hf-Reserve → 193-201 Schläge/Min
10	1 Min	50-55% Hf-Reserve → 134-141 Schläge/Min
11	1 Min	90-95% Hf-Reserve → 193-201 Schläge/Min
12	1 Min	50-55% Hf-Reserve → 134-141 Schläge/Min
13	1 Min	90-95% Hf-Reserve → 193-201 Schläge/Min
14	2 Min	50-55% Hf-Reserve → 134-141 Schläge/Min
15	1 Min	80-85% Hf-Reserve → 178-186 Schläge/Min
16	3 Min	50-55% Hf-Reserve → 134-141 Schläge/Min
17	1 Min	70-75% Hf-Reserve → 163-171 Schläge/Min
18	3 Min	Cool down (Trainingsherzfrequenz irrelevant)

Für die Berechnung der Pulsober- und –untergrenzen wurde zunächst die Faustformel zur Berechnung der maximalen Herzfrequenz verwendet. (American College of Sports Medicine [ACSM], 1998, S.975):

Hf-max. (Laufen) = 220- Lebensalter (+/- 10-12 Schläge/Min)

Für den Probanden wurden aufgrund seines Leistungszustandes 12 Schläge/Min addiert, um eine Unterforderung zu vermeiden. Daraus resultiert eine maximale Herzfrequenz von 208 Schlägen/Min.

Zur Berechnung der Trainingsherzfrequenzen wurde dann die Karvonen-Formel verwendet. (ACSM, 2006, S.342):

Trainingsherzfrequenz= (Hf_max.- Hf_Ruhe)*Intensität in % + Hf_Ruhe

3.3 Begründung zum Mesozyklus

Da der Proband in einem Sportverein leistungsorientiertes Ausdauertraining betreibt ist der vorliegende Mesozyklus lediglich als Ergänzung zu dem Vereinssport anzusehen.

Um das zusätzliche Training für den Probanden besser planen zu können, wurden mehrere Informationen über das Training in dem Vereinssport eingeholt. Damit die Begründung des Mesozyklus besser nachzuvollziehen ist, werden die Trainingsziele des Vereines kurz tabellarisch dargestellt:

Tab. 11: Trainingsziele des Probanden beim Vereinssport (leistungsorientiert) eigene Darstellung

Mo	Di	Mi	Do	Fr	Sa	So
REKOM-Training Sowie Taktik Besprechung 90 Min	Stabilisierung Grundlagenausdauer I 90 Min	Trainingsfrei	Stabilisierung Grundlagenausdauer I 90 Min	Stabilisierung Grundlagenausdauer I 90 Min	Trainingsfrei	Wettkampf in Form eines Spiels 90 Min

Die Trainingshäufigkeit bleibt konstant bei einer zusätzlichen Trainingseinheit pro Woche. Laut Londeree (1997, 837-843) hat es bei ausdauertrainierten Personen keinen weiteren Nutzen die Trainingshäufigkeit noch weiter zu steigern, da die kardiorespiratorischen Anpassungen eines umfangreichen Ausdauertrainings bereits erfolgt sind. Desweiteren konnte festgestellt werden, dass in diesem Fall eine Verbesserung durch eine Steigerung der Intensität erzielt werden kann. Aufgrund dessen ist der Mesozylus so geplant worden, dass die Intensität der Einheit wöchentlich gesteigert wird.

Es handelt sich hierbei um den dritten von vier Mesozyklen. Der erste Mesozyklus diente als Einführung in das herzfrequenzgesteuerte Ausdauertraining. Der zweite Mesozyklus diente dann der Regenation zum Ende der Fußballsaison. Begleitend zur Vorbereitung der neuen Saison ist das Ziel dieses Mesozyklus die Stabilisierung der Grundlagenausdauer 2.Der Proband soll an hohe Intensitäten gewöhnt werden, um seine anaerobe sowie aerobe Leistungsfähigkeit zu steigern. So wurde zunächst in den ersten drei Wochen mit der intensiven Dauermethode trainiert. Es wurde wöchentlich sowohl der Umfang als auch die Intensität gesteigert damit der Proband schnell die anaerobe Schwelle durch das Training anhebt. Durch das intensive Intervalltraining in Woche vier und drei soll die anaerobe Leistungskapazität erweitert werden und die Regenerationsfähigkeit ausgebaut werden. Daraus resultiert eine höhere Wettkampfhärte. In der letzten Woche soll ein High Intensity Intervalltraining [HIIT] stattfinden. Durch HIIT wird bei ausdauertrainierten Personen die Zeit bis zur Erschöpfung der Maximal- und Dauerleistung verbessert. (Weston, Myburgh, Lindsay, Dennis, Noakes & Hawley 1997, 7-13) Eine Studie von Martinez-Valdes, Falla, Negro, Mayer & Farina (2017, S.

1126-1135) konnte den Zusammenhang von HIIT-Training und der Verbesserung motorischer Einheiten im maximalen Drehmoment feststellen.

Laufweg- und Aktionsanalysen belegen, dass das Bewegungsspektrum im Fußball vielseitig ist. So ist der Wechsel von submaximalen und maximalen Belastungen unter verschiedenen Dauern im Fußball üblich. (Bangsbo, 1994, S.1-155) Genauso wie der Wechsel des Bewegungsmusters jede 3-5s. (Iaia, Rampinini & Bangsbo, 2009, S.291-306) Fußball spielen beansprucht demnach die Fähigkeiten, welche durch ein hoch intensives Intervalltraining gefördert werden. Da dies im bisherigen Training noch nicht als Hauptziel einer Trainingseinheit festgelegt wurde, soll die zusätzliche Trainingseinheit dies zum Ziel haben. Durch die positiven Anpassungseffekte des hoch intensiven Ausdauertrainings kann demnach die Leistungsfähigkeit im Fußball verbessert werden.

Die intensive Intervallmethode sowie die hoch Intensive Intervallmethode arbeiten mit Herzfrequenzbereichen oberhalb der anaeroben Schwelle, dies beschwert das arbeiten mit Herzfrequenzbereichen. Nach Gottlob (2003, S.73-74) unterschätzen sich 23 % der Männer bei Trainingsgewichten wenn sie diese nach subjektiven Empfinden auswählen. Um sicher zustellen das diese Unterschätzung in dem Ausdauertraining des Probanden nicht vorkommt wurden Herzfrequenzbereiche zur Orientierung festgelegt.

Der zeitliche Verfügungsrahmen des Probanden liegt bei drei Stunden pro Woche, es stehen lediglich der Mittwoch und der Samstag zur Verfügung für eine weitere Trainingseinheit. Es wurde sich für den Mittwoch entschieden, damit der Proband genügend Regenerationszeit hat. Da sonntags eine Wettkampfsituation besteht, bei der die maximale Leistungsfähigkeit des Probanden abgerufen werden muss eignet sich der Samstag nicht als Trainingstag.

Das Prinzip der Be- und Entlastung wird weiterhin gewährleistet. Im bisherigen Training trainierte er in einem Belastungsverhältnis von 2:1. Das Training montags und donnerstags findet in geringeren Intensitäten statt, bei einer extensiven Dauermethode. An den anderen beiden Trainingstagen wird mit der variablen Dauermethode trainiert. Durch die zusätzliche Trainingseinheit wird das Verhältnis der Be-und Entlastung auf 3:1 angehoben, welches angesichts der Zielsetzung des Probanden ein geeignetes Verhältnis darstellt (Eisenhut & Zintl, 2013, S.16-27)

Als Ausdauergerät wurde das Laufband ausgewählt. Bei der Auswahl des Ausdauergerätes sollte man sowohl die Kundenvoraussetzungen als auch die Gerätevoraussetzung in Betracht ziehen. Das Laufband ist aufgrund des hohen Muskelmassenanteil der zum Einsatz kommt zwar anspruchsvoller. Jedoch unangefochten das effektivste Trainingsgerät für den Kalorienverbrauch durch die hohe cardiopulmonale Beanspruchung . (Reim,2001) Für die Ziele des Probanden Körpergewicht zu verlieren und den Ruhepuls zu senken eignet sich das Laufband demnach am besten. Darüber hinaus hat die Testperson angegeben, dass Fußball spielen ihm Spaß bereitet und seine Leidenschaft ist. Von den zur Verfügung stehenden Ausdauergeräten ähnelt das Laufband am ehesten dem Fußball spielen, weshalb der Spaßfaktor bei der Testperson bei diesem Gerät am höchsten ist. Auch die Bewegungsform bleibt konstant beim Jogging, da andere Bewegungsformen auf dem Laufband wie z.B. das Walking für den Probanden eine Unterforderung darstellen könnte

Obwohl das Ausdauergerät nicht variiert ist das Trainingsprinzip der Variation berücksichtigt worden, indem die Trainingsmethode oft gewechselt wird und die Trainingsintensität wöchentlich variiert.

4 Literaturrecherche

Tab. 12: zwei Studien zum Thema "Effekte des Ausdauertrainings bei Übergewicht/Adiopositas eigene Darstellung

	Studie 1	Studie 2
Name der Studie sowie Autor:	„The Effect of High-Intensity Interval Training and Continuous Training on Weight Loss and Body Composition in Overweight Females (Airin et. al., 2014, S. 401-409)	High intensity interval training is associated with greater impact on physical fitness, insulin sensitivity and muscle mitochondrial content in males with overweight/obesity, as opposed to continuous endurance training: a randomized controlled trial. (De Strijker et.al. , 2018, S.215-226)
Jahr der Publikation:	2014	2018
Versuchspersonen:	32 Frauen mit einem BMI >=24,9 kg/m²	16 Männer im Alter von 42-57 mit einem BMI von 28-36 kg/m²
Forschungsfrage:	Welche Trainingsmethode (Hoch Intensives Intervalltraining oder kontinuierliches Training) ist effektiver für die Gewichtsreduktion bei Übergewichtigen Frauen?	Ist ein kontinuierliches Aerobic Training oder ein Hoch Intensives Intervall Training effektiver zur Verbesserung der Insulinsensibilität sowie für Übergewicht/Adipositas bei Männern?
Versuchsaufbau der Studie:	<ul><li>Versuchspersonen wurden per Zufallsprinzip in zwei Gruppen eingeteilt</li><li>Gruppe 1: Hoch Intensives Intervalltraining</li><li>Gruppe 2: kontinuierliches Training (Prinzip der Dauermethode)</li><li>Training über 6 Wochen, 3 mal pro Woche Training</li><li>Gruppe 1: 8 Sek. Sprinten bei 80-95% der Hfmax bei 120-130 Umdrehung/Min dann 12 Sek. Pause bei 40 Umdrehungen/Min für insgesamt 20 Min</li><li>Gruppe 2: kontinuierliche Herzfrequenz von 60-70 % der Hfmax für 30 Min</li></ul>	<ul><li>Versuchspersonen wurden per Zufallsprinzip in zwei Gruppen eingeteilt</li><li>Gruppe 1:Hoch Intensives Intervalltraining</li><li>Gruppe 2: kontinuierliches Aerobic-Training</li><li>Training</li><li>Training über 10 Wochen, 2 mal pro Woche Training</li><li>Gruppe 1: 10 Min Hoch Intensive Übungen, 10 Min Aerobic Übungen dann wieder 10 Min Hoch Intensives Intervalltraining (Fahrrad/ Stepper oder Fahrrad/ Fahrrad)</li><li>Gruppe 2: 3x 10 Min kontinuierliches Training (Fahrrad/ Stepper oder Fahrrad/ Fahrrad)</li></ul>
Ergebnisse:	<ul><li>Gruppe 1 und 2:</li><li>Gewichtsreduktion, damit verbunden die Senkung des BMI</li><li>Gruppe 1:</li><li>Stärkere Abnahme des Körperfettanteils</li><li>Verbesserung der anthropometrischen Messzahlen übergewichtiger Frauen</li></ul>	<ul><li>Gruppe 1 und 2 → Gewichtsreduktion sowie eine Senkung desBMI</li><li>Gruppe 1: → Deutliche Verbesserung der Insulinsensibilität → Verbesserung der VO2Max</li></ul>

5 Literaturverzeichnis

Airin,S., Linoby, A., Zaki, M.S.M., Baki, H., Sariman, H., Esham, B. et al. (2014). The Effects of High-Intensity Interval Training and Continuous Training on Weight Loss and Body Composition in Overweight Females. In R. Adnan, S. Ismail, & N. Sulaiman (Hrsg.), *Proceedings oft he International Colloquim on Sports Science, Exercise, Engineering and Technology 2014 (ICoSSEET 2014).* 401-409. Singapur: Springer

American College of Sports Medicine. (1998). The recommended quantity and quality of exercise for developing and maintaining cardiorespiratory and muscular fitness, and flexibility in healthy adults. *Medicine and science in sports and exercise, 30* (6), 975-991.

American College of Sports Medicine. (2006). *ACSM's Guidelines for Exercise Testing and Prescription. ACSM's Guidelines for Exercise Testing and Prescription* (7. Aufl.). Philadelphia: Williams & Wilkins.

American Heart Association (o.J.). *The Facts About High Blood Pressure,* Zugriff am 19.06.2019, Verfügbar unter http://www.heart.org/HEARTORG/Conditions/HighBloodPressure/GettheFactsAbou tHighBloodPressure/The-Facts-About-High-Blood-Pressure_UCM_002050_Article.jsp#.Wyll7MRCTIU

Bangsbo, J. (1994). The physiology of soccer—with special reference to intermittent exercise. *Acta Physiol Scand Supplementum, 619,* 1-155

De Strijker, D., Lapauw, B., Ouwens, D.M., Van de Velde, D., Hansen, D., Petrovic, M., Cuvelier, C., Tonoli, C. et al. (2018). High intensity interval training is associated with greater impact on physical fitness, insulin sensitivity and muscle mitochondrial content in males with overweight/obesity, as opposed to continuous endurance training: a randomized controlled trial. *Journal of Musculoskeletal & Neuronal Interactions, 18* (2), 215-226.

Eisenhut, A. & Zintl, F. (2013). *Ausdauertraining. Grundlagen, Methoden, Trainings-steuerung* (Sportwissen, 8. Aufl.). München: BLV.

Gallagher,D., Heymsfield,S.B., Heo,M., Jebb,S.A., Murgatroyd, P.R. & Sakamoto, Y. (2000). Healthy percentage body fat ranges: an approach for developing guidelines based on body mass index. *American Journal of Clinical Nutrition, 72* (3), 694-701.

Gottlob, A. (2003). Leicht – Mittel – Schwer ? *Fitness Tribune, 82* (2), 72-73.

Iaia, F.M., Rampinini, E., Bangsbo, J. (2009). High-intensity training in football. *International journal of sports physiology and performance, 4* (3), 291-306

IPN. (2004). *IPN-Test*® *- Ausdauertest für den Fitness- und Gesundheitssport.* Köln: IPN.

Kindermann, W. (1987). Ergometrie-Empfehlungen fuer die ärztliche Praxis. *Deutsche Zeitschrift für Sportmedizin, 38* (6), 244-268.

Londeree, B.R. (1997). Effect of training on lactate/ventilatory thresholds: a meta analysis. *Medicine and science in sports and exercise. 29* (6), 837-843.

Martinez-Valdes, E., Falla, D., Negro, F., Mayer, F. & Farina, D. (2017). Differential Motor Unit Changes after Endurance or High-Intensity Interval Training. *Medicine and science in sports and exercise. 49* (6), 1126-1136

Muster, M. & Zielinski, R. (2006). *Bewegung und Gesundheit. Gesicherte Effekte von körperlicher Aktivität und Ausdauertraining.* Darmstadt: Steinkopff.

Reim,F. (2001). *Kardiopulmonale, metabolische und subjektive Beanspruchung beim gesundheitsorientierten Ausdauertraining an unterschiedlichen Indoor-Cardiogeräten* (Berichte aus der Sportwissenschaft). Zugl.: Bayreuth, Univ., Diss., 2001. Aachen: Shaker.

Rost, R. (Hrsg.). (2002) *Lehrbuch für Sportmedizin.* Köln: Deutscher Ärzte-Verlag.

Schoenfeld, B. J. & Dawes, J. (2009). High-intensity interval training : applications for general fitness training. *Strenght and Conditioning Journal, 31* (6), 44-46.

Siragusa, P. (2002). Vergleich von zwei unterschiedlich aufwändigen Ausdauertests (Feld vs. Labor) mit den Wettkampfleistungen von 14-18 jährigen Spitzenläuferinnen und – läufern aus dem nationalen Kader „Jugend für Olympia" 2001. *Schweizerische Zeitschrift für Sportmedizin und Sporttraumatologie, 50* (4), 140-150.

Stathokostas, L., Jacob-Johanson, S., Petrella,R.J. & Paterson, D.H. (2004) Longitudinal changes in aerobic power in older men and women. *Journal of Applied Physiology, 97* (2)

Trunz, E. (2001). IPN-Test® – Ausdauertest für den Fitness- und Gesundheitssport. Köln, Institut für Prävention und Nachsorge. Köln.

Weineck, J. (2003). *Ausdauertraining. Trainingssteuerung über die Herzfrequenz- und Milchsäurebestimmung.* Balingen: Spitta.

Weston, A.R., Myburgh, K.H., Lindsay, F.H., Dennis,S.C., Noakes, T.D., Hawley, J.A. (1997). Skeletal muscle buffering capacity and endurance performance after high-intensity interval training by well-trained cyclists. *European journal of applied physiology and occupational physiology, 75* (1), 7-13

World Health Organisation. (2000). Obesity. Preventing and managing the global epidemic. *WHO Technical Report Series 894.* Geneva: World Health Organization

6 Abbildungs- und Tabellenverzeichnis

6.1 Abbildungsverzeichnis

6.2 Tabellenverzeichnis

Tab. 1 Allgemeine, biometrische und gesundheitsbezogene Daten des Probanden eigene Darstellung 3
Tab. 2 Blutdruckklassifizierung laut American Heart Association (o.J.) eigene Darstellung 4
Tab. 3: Klassifikation des Körperfettanteils für erwachsene Männer bis 79 Jahre (Gallagher et al. ,2000) eigene Darstellung 4
Tab. 4: Ausgewählter Ausdauertest im Überblick eigene Darstellung 5
Tab. 5: Testprotokoll mit Hinblick auf getretene Wattstufe sowie die dazugehörigen Herzfrequenzen 5
Tab. 6: Normwerte des Vita-Maxima-Tests - Relative Watt-Soll-Leistung für Männer (modifiziert nach Kindermann, 1987, S. 244-268) 6
Tab. 7: Zielsetzung für die Testperson 7
Tab. 8: Grobplanung Mesozyklus III eigene Darstellung 8
Tab. 9: Detailplanung Mesozyklus III, Woche eins bis sechs eigene Darstellungen 9
Tab., 10 Makrozyklus Woche 6 des Mesozyklus, detaillierte Veranschaulichung des HIIT-Trainings mit den jeweiligen Trainingsherzfrequenzen für den Probanden eigene Darstellung (modifiziert nach Schoenfeld & Dawes, 2009)..10
Tab. 11: Trainingsziele des Probanden beim Vereinssport (leistungsorientiert) eigene Darstellung 11
Tab. 12: zwei Studien zum Thema "Effekte des Ausdauertrainings bei Übergewicht/Adipositas eigene Darstellung 14

BEI GRIN MACHT SICH IHR WISSEN BEZAHLT

- Wir veröffentlichen Ihre Hausarbeit,
  Bachelor- und Masterarbeit

- Ihr eigenes eBook und Buch -
  weltweit in allen wichtigen Shops

- Verdienen Sie an jedem Verkauf

Jetzt bei www.GRIN.com hochladen
und kostenlos publizieren